L'homme dehors

Evelyn E. Smith

Writat

Cette édition parue en 2023

ISBN : 9789359253329

Publié par
Writat
email : info@writat.com

Selon les informations que nous détenons, ce livre est dans le domaine public.
Ce livre est la reproduction d'un ouvrage historique important. Alpha Editions
utilise la meilleure technologie pour reproduire un travail historique de la même
manière qu'il a été publié pour la première fois afin de préserver son caractère

original. Toute marque ou numéro vu est laissé intentionnellement pour préserver sa vraie forme.

L'HOMME DEHORS
Par EVELYN E. SMITH

Personne dans le quartier n'a été surpris lorsque la mère de Martin a disparu et que Ninian est venu s'occuper de lui. Les mères avaient tendance à disparaître dans ces régions et les enfants étaient souvent mieux lotis sans elles. Martin ne faisait pas exception. Il n'avait jamais vécu aussi bien lorsqu'il vivait avec sa vieille dame. Quant à son père, Martin n'en avait jamais eu. Il avait été un bébé de guerre, né d'une des marées de soldats – ennemis et alliés, tous deux – qui avaient englouti le pays par vagues successives et acheté ou pris les femmes. Il n'y avait donc aucun problème de cette façon.

Parfois, il se demandait qui était réellement Ninian . Évidemment, cette histoire selon laquelle elle viendrait du futur n'était qu'un gag. D'ailleurs, si elle était réellement son arrière-arrière-petite-fille, comme elle le disait, pourquoi lui dirait-elle de l'appeler « *Tante Ninian* » ? Peut-être qu'il n'avait que onze ans, mais il avait été là et il savait exactement quel était le score. Au début , il avait pensé qu'elle était peut-être une assistante sociale d'un nouveau genre, mais elle était un peu trop folle pour ça.

Il aimait l'appâter, comme il avait aimé appâter sa mère. Mais c'était plus sûr avec Ninian , car lorsqu'il la poussait trop loin, elle pleurait au lieu de nettoyer le sol avec lui.

"Mais je ne comprends pas", disait-il en gardant le visage impassible. "Pourquoi dois-tu venir du futur pour me protéger contre ton cousin Conrad ?"

"Parce qu'il vient pour te tuer."

"Pourquoi devrait-il me tuer ? Je ne lui ai rien fait."

Ninian soupira. "Il n'est pas satisfait de l'ordre social actuel et vous tuer fait partie d'un plan élaboré qu'il a formulé pour le changer. Vous ne comprendriez pas."

"Tu as sacrément raison. Je *ne* comprends pas. De quoi s'agit-il en essence pure ?"

"Oh, ne pose pas de questions," dit Ninian d'un ton irritable. "Quand tu seras grand, quelqu'un t'expliquera tout."

---

donc , parce que, dans l'ensemble, il aimait les choses telles qu'elles étaient. Mais Ninian était vraiment la limite. Tous les gens qu'il connaissait vivaient dans des appartements scabres comme le sien, mais elle semblait trouver cela dégoûtant.

" Donc , si vous ne l'aimez pas, nettoyez-le", a-t-il suggéré.

Elle le regarda comme s'il était devenu fou.

"Engagez une femme de chambre, alors!" se moqua-t-il.

Et bon sang si cet idiot n'était pas sorti et n'avait pas demandé à une femme de nettoyer l'endroit ! Il était tellement embarrassé qu'il n'osait même pas montrer son visage dans la rue, surtout avec les femmes qui le boutonnaient et exigeaient de savoir ce qui se passait. Ils ont essayé de parler à Ninian , mais elle savait certainement comment leur donner l'épaule froide.

Un jour, l'officier scolaire est venu demander pourquoi Martin n'était pas venu à l'école. Très peu d'enfants du quartier assistaient très régulièrement aux cours, ce n'était donc qu'une routine. Mais Ninian ne le savait pas et elle entra dans un véritable état d'esprit, en balbutiant que Martin était malade et qu'il rattraperait le travail. Martin a failli tomber malade à force de rire intérieurement.

Mais il a ri de l'autre côté de la bouche quand elle est sortie et a engagé un tuteur privé pour lui. Un tuteur... dans ce quartier ! Martin a dû battre tous les enfants du quartier avant de pouvoir faire un pas sans entendre « Fancy Pants ! » lui cria-t-il.

Ninian s'inquiétait tout le temps. Ce n'était pas qu'elle se souciait de ce que ces gens pensaient d'elle, car elle ne cachait pas qu'elle les considérait comme à peine meilleurs que les animaux, mais elle hésitait à attirer l'attention. Il y avait énormément de gens dans ce quartier qui ressentaient exactement la même chose, sauf qu'elle ne le savait pas non plus. Elle était vraiment plutôt stupide, pensa Martin, malgré tout son jargon sophistiqué.

"Il est très difficile de réfléchir à ces choses sans aucune application pratique préalable", lui a-t-elle dit.

Il hocha la tête, sachant que ce qu'elle voulait dire, c'était que tout se passait mal. Mais il n'a pas essayé de l'aider ; il a juste regardé pour voir ce qu'elle ferait ensuite. Il avait déjà commencé à assumer le rôle détaché d'un spectateur.

Lorsqu'il est devenu clair que sa mère ne reviendrait jamais, Ninian a acheté une de ces petites maisons presque identiques qui poussent en périphérie d'une ville après chaque guerre, en particulier là où les bombardements intensifs ont créé un certain nombre de terrains de construction recherchés.

"C'est un bien meilleur quartier où grandir pour un garçon", a-t-elle déclaré. "En plus, c'est plus facile de te surveiller ici."

Et c'était elle qui le surveillait – elle ou un jeune homme un peu loufoque qui venait occasionnellement séjourner chez eux. On a dit à Martin de l'appeler oncle Raymond.

De temps en temps, il y avait d'autres visiteurs – les oncles Ives, Bartholomew et Olaf, les tantes Ottillie , Grania et Lalage, et bien d'autres – tous cousins les uns des autres, lui dit-on, tous ses descendants.

<hr>

Martin n'a jamais été laissé seul une minute. Il n'avait pas le droit de jouer avec les autres enfants du nouveau quartier. De toute façon, leurs parents ne les auraient pas laissés faire. Les adultes pensaient évidemment que si une famille possédant une seule voiture engageait des tuteurs privés pour leur enfant, il devait y avoir quelque chose qui ne tournait pas rond chez lui. Martin et Ninian étaient donc aussi visibles qu'avant. Mais il ne l'a pas prévenue. Elle était grande ; elle était censée savoir mieux que lui.

Il a bien vécu. Il avait de la nourriture dont il n'avait jamais rêvé auparavant, des vêtements chauds que personne n'avait jamais portés avant lui. Il était entouré de plus de luxe qu'il ne savait quoi en faire.

Le mobilier était le dernier moderne africain de New Grand Rapids. Il y avait des gravures soignées et colorées de Picasso et de Braque sur les murs. Et chaque centimètre carré du sol était modestement recouvert de moquette, même si les murs étaient pour la plupart en verre sans vergogne. Il y avait de l'eau chaude et du chauffage tout le temps, ainsi qu'un congélateur bien rempli de nourriture – choisi de manière quelque peu erratique, car Ninian ne connaissait pas grand-chose en matière de repas.

La partie non vitrée de la maison était en bois soigné, aux tons naturels, avec une belle pelouse verte devant et un joli jardin multicolore à l'arrière.

Mais le vieux quartier manquait à Martin. Il lui manquait d'avoir d'autres enfants avec qui jouer. Même sa mère lui manquait. Bien sûr, elle ne lui avait pas donné assez à manger et elle l'avait parfois battu si fort qu'elle avait failli le tuer - mais il y avait aussi eu des moments où elle l'avait serré dans ses bras, l'avait embrassé et trempé son col avec elle. larmes. Elle avait fait tout ce qu'elle pouvait pour lui, le soutenant de la seule manière qu'elle connaissait – et si la société respectable n'aimait pas ça, au diable la société respectable.

De la part de Ninian et de ses cousins, il n'y avait qu'une gentillesse impersonnelle. Ils ne cachaient pas qu'ils n'étaient là que pour accomplir une tâche plutôt désagréable. Même s'ils étaient dans la maison avec lui, dans leur esprit et dans leurs conversations , ils vivaient dans un autre monde – un monde de chaleur, de paix et d'abondance où personne ne travaillait, sauf dans la fonction publique ou dans les professions essentielles. Et ils semblaient penser que même ce genre de travail était plutôt bas de gamme, bien que mieux que de faire quoi que ce soit avec les mains.

Dans leur monde, Martin a fini par comprendre que personne ne travaillait avec les mains ; tout était fait par des machines. Tout ce que les gens faisaient, c'était porter de jolis vêtements, passer de bons moments et manger tout ce qu'ils voulaient. Il n'y avait ni dévastation, ni guerre, ni malheur, ni aucun des éléments concomitants d'une vie normale.

C'est à ce moment-là que Martin commença à réaliser que soit ils étaient tous fous, soit ce que Ninian lui avait dit au début était la vérité. Ils venaient du futur.

Quand Martin eut seize ans, Raymond le prit à part pour le discours que Ninian lui avait promis cinq ans auparavant.

"Tout ça, c'est la faute de mon frère Conrad. Vous voyez, c'est un idéaliste", expliqua Raymond en prononçant le dernier mot avec dégoût.

Martin hocha gravement la tête. C'était un garçon tranquille maintenant, son bref passé n'étant qu'un souvenir sombre et plutôt ridicule. Qui pourrait l'imaginer braquer une épicerie ou brandir une bouteille cassée maintenant ? Il était encore plutôt petit et avait tellement lu qu'il avait affaibli ses yeux et avait dû porter des lunettes. Son visage était pâle, car il passait peu de temps au soleil, et son discours plutôt excessif, ses mentors du futur ayant soigneusement éradiqué toutes les vulgarités actuelles.

"Et Conrad a été vraiment contrarié par la manière dont la Terre exploite les formes de vie moins intelligentes des autres planètes", a poursuivi Raymond. "Ce qui *est* désolant, même si, bien sûr, ce n'est pas comme s'il s'agissait de personnes. En outre, le gouvernement a parlé d'adopter des lois pour mettre fin aux... enfin, aux abus et à ce genre de choses, et je suis sûr qu'un jour, tout ira bien." s'en est bien sorti. Cependant, Conrad est tellement impatient.

"Je pensais que dans votre monde, les machines faisaient tout le travail", suggéra Martin.

"Je vous l'ai dit : notre monde est exactement le même que celui-ci !" » cracha Raymond. "Nous arrivons seulement quelques siècles plus tard, c'est tout. Mais rappelez-vous, nos intérêts sont identiques. Nous sommes pratiquement les mêmes personnes... même s'il est étonnant de voir quelle différence deux cents années de progrès et de polissage peuvent faire." dans une espèce, n'est-ce pas ?

Il poursuivit plus doucement : "Cependant, même vous devriez être capable de comprendre que nous ne pouvons pas fabriquer de machines sans métal.

Nous avons besoin de nourriture. Tout ce genre de choses vient des planètes hors système. Et, sur ces mondes, c'est beaucoup moins coûteux d'utiliser la main-d'œuvre indigène que d'expédier toutes ces machines coûteuses. Après tout, si nous ne donnions pas d'emplois aux indigènes, comment parviendraient-ils à vivre ?

"Comment vivaient-ils avant ? A bien y penser, si tu ne travailles pas, comment vis- *tu* maintenant ?... Je ne parle pas du maintenant pour moi, mais du maintenant pour toi", expliqua laborieusement Martin. . C'était si difficile de vivre dans le passé et de penser à l'avenir.

"J'essaie de te parler comme si tu étais un adulte", dit Raymond, "mais si tu persistes dans ces interruptions enfantines..."

"Je suis désolé", a déclaré Martin.

Mais ce n'était pas le cas, car il ne lui restait plus que peu de respect pour ses descendants. C'étaient tous des jeunes extrêmement beaux et cultivés, dotés d'une éducation supérieure, d'une manière douce de parler et d'une grande confiance en eux, mais ils n'étaient tout simplement pas très brillants. Et il avait découvert que Raymond était peut-être le plus intelligent du groupe. À un moment donné, dans ce laps de temps relativement court, sa lignée ou, plus effrayant encore, sa race avait perdu quelque chose de vital.

Ignorant le quasi-mépris dans lequel son jeune ancêtre le tenait, Raymond poursuivit sans ambages : « Quoi qu'il en soit, Conrad a pris sur lui de se sentir particulièrement coupable, car, décida-t-il, s'il n'y avait pas eu le fait que notre grand- grand-père a découvert le super-drive, nous n'aurions peut-être jamais atteint les étoiles. Ce qui est ridicule – son sentiment de culpabilité, je veux dire. Peut-être qu'un arrière-grand-père est responsable de ses arrière-petits-enfants, mais un arrière-petit-enfant peut difficilement être tenu responsable de son arrière-grand-père."

"Que diriez-vous d'un arrière-arrière-petit-enfant ?" Martin ne put s'empêcher de demander.

Raymond rougit d'un rose délicat. "Veux-tu entendre la suite ou pas ?"

"Oh, je le fais!" dit Martin. Il avait tout reconstitué lui-même depuis longtemps, mais il voulait savoir comment Raymond allait le formuler.

"Malheureusement, le professeur Farkas vient de perfectionner le transmetteur de temps. Ces scientifiques du gouvernement sont incroyablement officieux et inventent toujours des choses aussi insensées. C'est censé rester secret, mais vous savez comment les nouvelles peuvent s'échapper quand on est toujours désespéré d'avoir un nouveau souffle. sujet de conversation."

Quoi qu'il en soit, expliqua Raymond, Conrad avait soudoyé l'un des assistants de Farkas pour une série de plans. L'idée de Conrad était de remonter le temps et de « éliminer ! » leur arrière-grand-père commun. De cette façon, il n'y aurait pas de déplacement spatial et, par conséquent, les Terriens n'atteindraient jamais les autres planètes et n'opprimeraient jamais les aborigènes locaux.

"Cela semble être une bonne façon de résoudre le problème", a observé Martin.

Raymond avait l'air ennuyé. "C'est la manière *des adolescents* ", dit-il, "d'en finir avec cela plutôt que de trouver une solution. Détruiriez-vous toute une société pour extirper une seule injustice ?"

"Pas si c'était un bon sinon."

"Eh bien, voilà votre réponse. Conrad a fait construire l'appareil, ou peut-être l'a-t-il construit lui-même. On ne s'intéresse pas de trop près à de telles questions. Mais quand on en est venu au fait, Conrad ne supportait pas l'idée d'éliminer notre grand -grand-père – parce que notre arrière-grand-père était un homme si *bon* , vous savez. La lèvre supérieure expressive de Raymond se retroussa. " Alors Conrad a décidé de remonter encore plus loin et de se débarrasser du père de son arrière-grand-père, qui était, de l'avis de tous, un personnage plutôt sans valeur. "

"Ce serait moi, je suppose," dit doucement Martin.

Raymond devint une rose profonde. "Eh bien, cela ne prouve-t-il pas qu'il ne faut pas croire tout ce qu'on entend ?" La phrase suivante tomba précipitamment. "Je lui ai tout arraché et nous tous - les autres cousins et moi - avons tenu un conseil de guerre, pour ainsi dire, et nous avons décidé que c'était notre devoir moral de remonter le temps nous-mêmes et de vous protéger." Il sourit à Martin.

Le garçon sourit lentement. "Bien sûr. Il le fallait. Si Conrad réussissait à *m'éliminer* , alors aucun de vous n'existerait, n'est-ce pas ?"

Raymond fronça les sourcils. Puis il haussa joyeusement les épaules. "Eh bien, vous ne pensiez pas vraiment que nous allions faire tous ces ennuis et toutes ces dépenses par pur altruisme, n'est-ce pas ?" » demanda-t-il en s'appuyant sur le charme que possédaient tous les cousins à un degré consternant.

Martin ne se faisait évidemment aucune illusion à ce sujet ; il avait appris depuis longtemps que personne ne faisait rien pour rien. Mais le dire n'était pas judicieux.

"Nous avons soudoyé un autre ensemble de plans auprès d'un autre assistant du professeur", a poursuivi Raymond, comme si Martin avait répondu, "et… ah… avons incité un passionné d'artisanat à construire le gadget pour nous."

induit pouvait signifier n'importe quoi, du chantage à l'utilisation de la vierge de fer.

"Alors nous étions tous prêts à devancer Conrad. Si l'un de nous vous gardait nuit et jour, il ne pourrait jamais mettre à exécution son complot. Nous avons donc élaboré notre contre-plan, réglé la machine aussi loin que possible... et nous voici!"

"Je vois," dit Martin.

Raymond ne semblait pas le penser vraiment. « Après tout, » souligna-t-il sur la défensive, « quelles que soient nos motivations, cela s'est transformé en une bonne chose pour vous. Une belle maison, des compagnons cultivés, toutes les commodités contemporaines, plus quelques anachronismes pratiques – je ne vois pas ce que vous pourriez faire de plus. demandez. Vous obtenez le meilleur de tous les mondes possibles. Bien sûr Ninien *C'était* un ninny à installer dans une banlieue commerçante où la moindre petite chose à l'écart ferait jaser. Comme je suis reconnaissant que notre époque ait complètement éliminé les mercantiles ... »

"Qu'avez-vous fait avec eux?" » a demandé Martin.

Mais Raymond se précipita : « Dès que Ninian partira et que je serai aux commandes, nous aurons un endroit plus isolé et nous l'exploiterons à une bien plus grande échelle. L'ostentation, c'est la façon de vivre ici et maintenant ; plus on est riche. , plus vous pouvez vous permettre d'excentricité. Et ", a-t-il ajouté," autant être aussi à l'aise que possible pendant que je souffre de cette misérable période historique.

"Alors Ninian s'en va", dit Martin, se demandant pourquoi cette nouvelle le rendait curieusement désolé. Parce que, même s'il supposait qu'il l'aimait d'une certaine manière, il n'avait aucun attachement pour elle – ni pour elle, il le savait, pour lui.

"Eh bien, cinq ans, c'est assez long pour une fille en exil", a expliqué Raymond, "même si notre durée de vie est un peu plus longue que la vôtre. En plus, vous devenez trop vieille maintenant pour être sous un gouvernement en jupon. " Il regarda Martin avec curiosité. "Tu ne vas pas pleurer et faire une scène quand elle partira, n'est-ce pas ?"

"Non..." dit Martin avec hésitation. "Oh, je suppose qu'elle va me manquer. Mais nous ne sommes pas très proches, donc ça ne fera pas de réelle différence." C'était là le plus triste : il savait déjà que cela ne ferait aucune différence.

Raymond lui tapa sur l'épaule. "Je savais que tu n'étais pas un sentimental bâclé comme Conrad. Même si tu le ressembles plutôt, tu sais."

Soudain, cela sembla rendre Conrad réel. Martin ressentit un vague mouvement d'inquiétude. Il garda cependant sa voix calme. "Comment comptez-vous me protéger quand il viendra ?"

"Eh bien, chacun de nous est armé jusqu'aux dents, bien sûr", dit Raymond avec une modeste fierté, montrant quelque chose qui ressemblait à une combinaison de pistolet d'astronaute et de rayon mortel pour enfant, mais qui, Martin n'en doutait pas, était parfaitement authentique... et mortelle — arme. "Et nous avons un système d'alarme antivol plutôt élaboré."

Martin a inspecté le système et a apporté une ou deux modifications au câblage qui, selon lui, augmenteraient son efficacité. Mais il restait dubitatif. "Peut-être que ça marchera sur quelqu'un venant de l'extérieur de cette *maison*, mais penses-tu que ça marchera sur quelqu'un venant de l'extérieur cette *fois-ci* ?"

"N'ayez crainte, il a un rayon temporel", répondit Raymond. "Garantie d'usine et tout ça."

"Juste par mesure de sécurité", a déclaré Martin, "je pense que je ferais mieux d'avoir une de ces armes aussi."

"Une superbe idée !" » s'enthousiasme Raymond. "J'étais sur le point d'y penser moi-même !"

Quand vint le moment de se séparer, ce fut Ninian qui pleura – des larmes de sa propre incapacité, Martin le savait, et non de chagrin. Il devenait habile à comprendre ses descendants, bien mieux qu'eux à le comprendre. Mais ils n'ont jamais vraiment essayé. Ninian l'embrassa tendrement sur la joue et lui dit qu'elle était sûre que tout s'arrangerait bien et qu'elle reviendrait le voir. Mais elle ne l'a jamais fait, sauf à la toute fin.

Raymond et Martin ont emménagé dans un luxueux manoir dans une région isolée. Le site s'est avéré bien choisi ; Lorsque la Seconde Guerre atomique éclata, une demi-douzaine d'années plus tard, ils ne furent pas touchés. Martin n'a jamais su si c'était dû à la chance ou à une planification experte. Probablement de la chance, car ses descendants étaient des planificateurs extrêmement incompétents.

Peu de gens au monde pouvaient alors se permettre de vivre avec autant de style que Martin et son tuteur. L'endroit contenait non seulement toutes les commodités et gadgets possibles, mais était également rempli de bibelots et d'antiquités, soigneusement choisis par Raymond et contestés par Martin, car, pour l'homme du futur, tous les artefacts disponibles étaient des antiquités. Sinon, Martin a accepté son nouvel environnement. Son sens de l'émerveillement s'était émoussé à présent et le château rose pseudo-espagnol – « architecturalement épouvantable, bien sûr », avait dit Raymond, « mais si hilarant et typique » – l'impressionnait bien moins que l'aquarium de banlieue sur deux niveaux.

"Que diriez-vous d'un fossé ?" » Martin a suggéré quand ils sont arrivés pour la première fois. "Ça semble aller avec un château."

"Pensez-vous qu'un fossé pourrait arrêter Conrad ?" » demanda Raymond, amusé.

"Non," sourit Martin, se sentant plutôt idiot, "mais cela rendrait l'endroit plus sûr d'une manière ou d'une autre."

La menace de Conrad commençait à le rendre de plus en plus nerveux. Il a obtenu de Raymond la permission de prendre deux armures qui se trouvaient dans le hall d'entrée et de les présenter à un musée local, car à plusieurs reprises il avait eu l'impression de les voir bouger. Il est également devenu un adepte du pistolet à rayons et a considérablement modifié le paysage environnant avec celui-ci, jusqu'à ce que Raymond prévienne que cela pourrait conduire Conrad à eux.

Au cours de ces premières années, les tuteurs de Martin ont été échangés contre des professeurs plus diplômés qui étaient désormais nécessaires. La question se posait inévitablement de savoir quelle serait la vocation des jeunes dans cette vie. Au moins vingt cousins revinrent à travers le temps pour tenir un de leurs vigoureux conseils de famille. Martin était encore assez jeune pour profiter de telles occasions, les trouvant largement supérieures à toutes les autres formes de divertissement.

"Ce genre de problème ne se poserait pas de nos jours, Martin", commenta Raymond en prenant place au bout de la table, "car, à moins qu'on ne ressente spécifiquement un appel à tel ou tel métier, on... eh bien, dérive joyeusement."

"Notre monde est merveilleux", soupira Grania à l'adresse de Martin. "J'aimerais seulement que nous puissions t'y emmener. Je suis sûr que tu l'aimerais."

"Ne sois pas idiote, Grania !" » cracha Raymond. "Eh bien, Martin, as-tu décidé ce que tu veux être?"

Martin affectait de réfléchir. « Un physicien », dit-il non sans malice. "Ou peut-être un ingénieur."

Il y eut un chœur bruyant et excité de dissidence. Il rit intérieurement.

"Je ne peux pas faire ça", a déclaré Ives. "Il se pourrait que nous reprenions certains concepts. Je ne sais pas comment ; aucun de nous ne connaît rien de la science. Mais cela pourrait arriver. Une osmose subconsciente, si une telle chose existe. De cette façon, vous pourriez inventer quelque chose à l'avance. Et la personne dont nous avons obtenu les plans nous a particulièrement mis en garde contre cela. Changer l'histoire. Dangereux. "

"Cela pourrait terriblement gâcher notre temps", a contribué Bartholomew, "même si, pour être tout à fait franc, je ne comprends pas vraiment comment."

« Je ne vais pas m'asseoir et t'expliquer encore une fois, Bart ! dit Raymond avec impatience. "Eh bien, Martin ?"

"Que suggérerais-tu?" » a demandé Martin.

"Et si vous deveniez peintre ? L'art est éternel. Et tout à fait gentleman. De plus, on attend toujours des artistes qu'ils soient en retard ou en avance sur leur temps."

"De plus", a ajouté Ottillie , "un artiste de plus ne pourrait pas faire une grande différence dans l'histoire. Il y en a eu tellement à travers les âges."

Martin ne put retenir sa question. "Qu'étais-je, en fait, à cette autre époque ?"

Il y eut un silence glacial.

"N'en parlons pas, chérie", dit finalement Lalage. "Soyons juste reconnaissants de vous avoir sauvé de *ça* !"

donc engagés et Martin devint un artiste de second ordre très compétent. Il savait qu'il ne parviendrait jamais à atteindre le premier rang car, même s'il était encore si jeune, son travail était presque purement intellectuel. La seule émotion qu'il semblait pouvoir ressentir était la peur – la peur toujours présente qu'un jour il détourne un couloir et rencontre un homme qui lui ressemblait – un homme qui voulait le tuer au nom d'un idéal.

Mais la peur ne transparaissait pas sur les photos de Martin. C'étaient de jolies photos.

Le cousin Ives – maintenant que Martin était plus âgé, on lui a dit d'appeler ses descendants *cousin* – a ensuite assumé la tutelle. Ives a pris ses responsabilités plus au sérieux que les autres. Il s'est même arrangé pour que le travail de Martin soit exposé dans une galerie d'art. Les peintures ont reçu l'approbation critique, mais n'ont suscité aucun enthousiasme. La modeste vente dont ils ont bénéficié était principalement destinée aux décorateurs d'intérieur. Les musées n'étaient pas intéressés.

"Ça prend du temps", essaya de le rassurer. "Un jour, ils achèteront tes photos, Martin. Attends et vois."

Ives était le seul des descendants qui semblait considérer Martin comme un individu. Lorsque ses efforts pour entrer en contact avec l'autre jeune homme ont échoué, il s'est inquiété et a décidé que ce dont Martin avait besoin, c'était de changer d'air et de décor.

" Bien sûr, vous ne pouvez pas faire le Grand Tour. Votre fils n'a pas encore inventé le voyage dans l'espace. Mais nous pouvons aller voir ce monde. Ce qu'il en reste. De toute façon, les touristes préfèrent toujours les ruines. "

donc puisé dans les vastes ressources futures de la famille et a acheté un yacht, que Martin a baptisé *The Interregnum* . Ils voyageaient d'une mer à l'autre et d'un océan à l'autre, touchant divers ports et effectuant des voyages à l'intérieur des terres. Martin a vu le monde civilisé – principalement en fragments ; le monde semi-civilisé presque intact et le monde non civilisé, à peu près le même qu'il avait été pendant des siècles. C'était comme visiter un énorme musée ; il ne semblait plus s'identifier à son époque.

Les autres cousins semblaient trouver le yacht comme quartier général agréable, en grande partie parce qu'ils pouvaient passer beaucoup de temps loin des habitants contemporains de la planète, se détendre et être eux-mêmes. Ils ne sont donc jamais retournés sur terre. Martin a passé le reste de sa vie sur *The Interregnum* . Il se sentait curieusement plus en sécurité auprès de Conrad, même s'il n'y avait aucune raison valable pour qu'un océan arrête un voyageur à travers le temps.

Il y avait plus de cousins que jamais auparavant, car ils étaient venus pour le voyage océanique. Ils passaient la plupart de leur temps à bord du navire, s'organisant des fêtes, jouant à une forme de jeu de palets *avant-* gardiste et pariant sur les futurs événements sportifs. Cette dernière se terminait généralement par une bagarre, car un cousin était sûr d'accuser un autre d'avoir été informé à l'avance des résultats.

Martin ne se souciait pas beaucoup de leur entreprise et ne s'associait avec eux que lorsque ne pas le faire aurait été manifestement impoli. Et, même s'ils étaient pour la plupart des jeunes grégaires, ils ne courtisaient pas sa société. Il soupçonnait qu'il les mettait mal à l'aise.

Mais il aimait plutôt Ives. Parfois, ils étaient seuls ensemble ; alors Ives parlerait à Martin du monde futur d'où il venait. Le tableau dressé par Raymond et Ninian n'était pas tout à fait exact, a admis Ives. Il est vrai qu'il n'y avait ni guerre ni pauvreté sur Terre, mais c'était parce qu'il ne restait que quelques millions de personnes sur la planète. C'était une enclave pour l'aristocratie hautement privilégiée et hautement métissée, à laquelle appartenaient les descendants de Martin en raison de leurs ancêtres distingués.

"Plutôt féodal, n'est-ce pas ?" » a demandé Martin.

Ives a accepté, ajoutant que le système avait cependant été délibérément planifié, plutôt que le résultat d'un développement naturel aléatoire. Tout ce qui était potentiellement désagréable, comme les marchands , avait été déporté.

"Il n'y a pas que les indigènes qui vivent sur d'autres mondes", dit Ives alors qu'ils se tenaient tous les deux au bastingage du navire, entourés par l'étendue illimitée d'un océan ou d'un autre. "Les gens aussi. Principalement des classes inférieures, à l'exception des fonctionnaires et autres. Avec des guerres, des besoins et des souffrances", ajouta-t-il avec regret, "comme à votre époque... Comme maintenant, je veux dire", se corrigea-t-il. "Peut-être que c'est *pire* , comme le pense Conrad. Plus de planètes sur lesquelles nous pourrions créer des problèmes. Trois qui étaient habitables ne le sont plus. Bombardées. Travail très minutieux."

"Oh," murmura Martin, essayant de paraître choqué, horrifié, voire intéressé.

"Parfois, je ne suis pas tout à fait sûr que Conrad avait tort", a déclaré Ives après une pause. « J'ai essayé de nous empêcher d'atteindre les étoiles, en blessant les gens – j'imagine qu'on pourrait les appeler des gens – là-bas. Pourtant... » il sourit honteusement – « je ne pouvais pas rester les bras croisés et voir mon propre mode de vie détruit, n'est-ce pas ? "

"Je suppose que non", a déclaré Martin.

" Il faudrait du courage moral. Je n'en ai pas. Aucun de nous n'en a, sauf Conrad, et même lui... " Ives regarda la mer. "Ça doit être une meilleure issue que celle de Conrad", dit-il sans conviction. "Et tout finira bien par s'arranger. C'est lié. Cela n'a aucun sens de—de quoi que ce soit, si ce n'est pas le cas." Il jeta un regard mélancolique à Martin.

"Je l'espère", a déclaré Martin. Mais il ne pouvait pas espérer ; il ne pouvait pas sentir ; il ne semblait même pas s'en soucier.

Pendant tout ce temps, Conrad n'est toujours pas apparu. Martin était devenu un tel tireur d'élite avec le pistolet à rayons qu'il aurait presque souhaité que son descendant se présente, pour qu'il y ait une certaine excitation. Mais il n'est pas venu. Et Martin s'est mis à réfléchir...

Il avait toujours pensé que si l'un des cousins avait pu se rendre compte du défaut fondamental du plan élaboré qu'ils avaient concocté, cela aurait été Ives. Cependant, lorsque le yacht a touché la Terre de Feu lors d'un hiver rigoureux, Ives a pris un froid intense. Ils ont fait venir un médecin du futur – l'un des descendants qui avait été assez excentrique pour obtenir un diplôme en médecine – mais il n'a pas pu sauver Ives. Le corps a été enterré dans le sol gelé à Ushuaia, à la pointe sud du continent, cent ans ou plus avant la date de sa naissance.

Un grand nombre de cousins étaient présents à cette simple cérémonie. Tous étaient vêtus d'un noir écrasant et montraient beaucoup de chagrin. Raymond a lu l'enterrement, car ils n'osaient pas convoquer un cousin clérical du futur ; ils avaient peur qu'il se montre plutôt étouffant à propos de l'ensemble de l'entreprise.

"Il est mort pour nous tous", a conclu Raymond lors de son éloge funèbre d'Ives, "donc sa mort n'a pas été vaine".

Mais Martin n'était pas d'accord.

Les voyages incessants reprirent. *L'Interrègne* a voyagé dans tous les océans et dans toutes les mers. Certains étaient bleus, d'autres verts et d'autres bruns. Au bout d'un moment, Martin ne parvenait plus à les distinguer. Cousin après cousin venaient veiller sur lui et finalement il lui était aussi difficile de les distinguer que les différents océans.

Tous les cousins étaient jeunes, car, même s'ils étaient venus à des époques différentes de sa vie, ils étaient tous partis de la même époque dans la leur. Seuls les plus jeunes avaient été inclus dans l'aventure ; ils ne faisaient pas confiance à leurs aînés.

Au fil des années, Martin a commencé à perdre même son intérêt détaché pour la terre et ses activités. Bien que le yacht touchait fréquemment au port pour du carburant ou des fournitures (il était plus économique de les acheter à cette époque que de les faire expédier du futur), il débarquait rarement, et seulement à la demande d'un cousin nouvellement assigné, impatient de voir le navire. sites touristiques. Martin passait la plupart de son temps à observer la mer – et parfois il la peignait. Il semblait y avoir une profondeur dans ses paysages marins qui manquait à ses autres œuvres.

Lorsqu'il fut pressé par son cousin actuel de faire une visite terrestre quelque part, il décida d'exposer quelques-unes de ses peintures marines. De cette façon, il pourrait se tromper en pensant que ce voyage avait un but. Il en était venu à croire que ce qui manquait peut-être à sa vie, c'était un but, et pendant un moment, il continua à chercher un sens partout, au grand dégoût du cousin.

« Mangez, buvez et soyez joyeux, ou tout ce que vous dites, Romains, quand vous faites ce que vous faites », le cousin — qui était plutôt flou en histoire ; les descendants touchaient le fond maintenant – c'était conseillé.

Martin a montré son travail en Italie, pour que le cousin soit désillusionné par la récolte actuelle de Romains. Il a constaté que ni le but ni la méchanceté ne suffisaient ; il s'ennuyait toujours énormément. Cependant, un musée a acheté deux des tableaux. Martin pensa à Ives et ressentit une sensation inconfortable qu'il ne pouvait plus comprendre.

"Où pensez-vous que Conrad était pendant tout ce temps ?" Martin a demandé paresseusement à son cousin actuel, qui se faisait désormais passer pour son neveu.

Le jeune homme sursauta, puis regarda autour de lui, inconfortablement. "Conrad est un type très astucieux", murmura-t-il. "Il attend son heure, il attend que nous soyons au dépourvu. Et puis... pow ! il va attaquer !"

"Oh, je vois," dit Martin.

Il avait souvent imaginé que Conrad se révélerait le membre le plus stimulant de toute la génération. Mais il semblait peu probable qu'il ait un jour l'occasion d'avoir une conversation avec le jeune homme. Plus d'une conversation, en tout cas.

"Quand il se montrera, je te protégerai", jura le cousin en touchant son pistolet à rayons. "Tu n'as rien à craindre."

Martin souriait avec tout le charme qu'il n'avait eu qu'à acquérir. "J'ai toute confiance en vous", dit-il à son descendant. Lui-même avait depuis longtemps renoncé à porter une arme.

Il y avait une guerre dans l'hémisphère nord et *l'Interrègne a donc* voyagé vers les eaux du sud. Il y avait une guerre dans le sud et ils se sont cachés dans l'Arctique. Toutes les nations étaient devenues trop vidées de leur pouvoir – de carburant, d'hommes et de volonté – pour se battre, si bien qu'une paix stérile a régné pendant longtemps. *L'Interrègne* parcourait les mers sans relâche, avec son chargement de passagers du futur, plus un contemporain ennuyé et vieillissant. Elle portait désormais de gros canons, à cause du danger toujours présent des pirates.

Peut-être était-ce l'effet traditionnellement vivifiant de l'air marin – peut-être la vie à l'abri – mais Martin a vécu jusqu'à être un très vieil homme. Il avait cent quatre ans lorsque survint sa dernière maladie. Ce fut un grand soulagement lorsque le médecin de famille, rappelé du futur, lui dit qu'il n'y avait plus d'espoir. Martin ne pensait pas qu'il aurait pu supporter une autre année de vie.

Tous les cousins se sont réunis au yacht pour rendre un dernier hommage à leur géniteur. Il revit Ninian , après toutes ces années, et Raymond – tous les autres, des dizaines, se pressant autour de son lit, se déversant hors de la cabine, dans les coursives et sur le pont, poussant leur clameur habituelle, même si leurs voix étaient silencieux.

Seul Ives manquait. Il avait eu de la chance, Martin le savait. Il avait été épargné du drame qui allait s'abattre sur ces jeunes gens épanouis, tous du même âge que la dernière fois que Martin les avait vus et condamnés à ne jamais vieillir. Sous leurs masques de malheur, il sentait un soulagement à l'idée qu'ils allaient enfin se débarrasser de leurs responsabilités. Et sous le masque mortuaire de Martin se cachait une pitié impersonnelle pour ses pauvres et stupides descendants qui avaient commis une erreur si irrémédiable.

Il n'y avait qu'un seul visage que Martin n'avait jamais vu auparavant. Ce n'était pourtant pas un visage étrange, car Martin en avait vu un très semblable dans le miroir lorsqu'il était jeune homme.

"Vous devez être Conrad", appela Martin à travers la cabine d'une voix encore claire. "J'avais hâte de vous rencontrer depuis un certain temps."

Les autres cousins se retournèrent pour faire face au nouveau venu.

"Tu arrive trop tard, Con", se réjouit Raymond pour toute la génération. "Il a vécu sa vie."

"Mais il n'a pas vécu sa vie", contredit Conrad. "Il a vécu la vie *que vous* avez créée pour lui. Et pour vous aussi."

Pour la première fois, Martin voyait de la compassion dans le regard d'un membre de sa lignée et la trouvait vaguement inquiétante. Cela ne semblait pas avoir sa place là-bas.

« Ne réalisez-vous pas encore, poursuivit Conrad, que dès qu'il partira, vous partirez aussi : présent, passé, futur, où que vous soyez, vous monterez dans les airs comme des bouffées d'air. fumée?"

"Que veux-tu dire?" Ninian trembla, son joli et doux visage alarmé.

Martin répondit au sourire triste de Conrad, mais lui laissa les explications. C'était son émission, après tout.

"Parce que tu n'auras jamais existé", dit Conrad. "Vous n'avez aucun droit à l'existence ; c'est vous-mêmes qui le surveilliez tout le temps, donc il n'a pas eu la chance de mener une vie normale, de se marier, *d'avoir des enfants ...*"

La plupart des cousins haletèrent lorsque la vérité commença à se répandre.

"Je savais dès le début", a terminé Conrad, "que je n'avais rien à faire du tout. Je devais juste attendre et vous vous détruiriez."

"Je ne comprends pas", protesta Bartholomew en scrutant les visages de ses cousins les plus proches de lui. "Que veut-il dire, nous n'avons jamais existé ? Nous sommes là, n'est-ce pas ? Quoi—"

"Fermez-la!" » cracha Raymond. Il s'en est pris à Martin. "Tu n'as pas l'air surpris."

Le vieil homme sourit. "Ce n'est pas le cas. J'ai tout compris il y a des années."

Au début, il s'était demandé ce qu'il devait faire. Vaudrait-il mieux les plonger dans une vaine panique en leur disant ou en ne rien faire ? Il avait opté pour cette dernière solution ; c'était le rôle qu'ils lui avaient assigné — surveiller, attendre et se tenir à l'écart des choses — et c'était le rôle qu'il jouerait.

"Tu le savais tout le temps et tu ne nous l'as pas dit !" Raymond bafouilla. "Après que nous ayons été si gentils avec toi, en faisant de toi un gentleman au lieu d'un criminel... C'est vrai," gronda-t-il, "un criminel ! Un alcoolique, un voleur, un abandonné ! Qu'est-ce que tu aimes ça ? ?"

"Cela ressemble à une vie riche et bien remplie", dit Martin avec mélancolie.

Quelle existence passionnante ils ont dû lui faire vivre ! Mais ensuite, il ne pouvait s'empêcher de penser que lui – lui et Conrad ensemble, bien sûr – les avait fait disparaître de *toute* sorte d'existence. Mais ce n'était pas sa responsabilité ; il n'avait fait que laisser les choses suivre le cours qui leur était destiné. Si seulement il pouvait être sûr que c'était la meilleure solution, peut-être qu'il ne ressentirait pas ce sentiment tenace de culpabilité en lui. Étrange : où, dans sa vie hermétique, aurait-il pu développer une chose aussi étrange qu'une conscience ?

"Alors nous avons perdu tout ce temps", sanglotait Ninian , "toute cette énergie, tout cet argent, pour rien !"

"Mais vous n'étiez rien au départ", leur dit Martin. Et puis, après une pause, il ajouta : "J'aurais seulement aimé pouvoir être sûr qu'il y avait un but à cela."

Il ne savait pas si c'était l'approche de la mort qui obscurcissait sa vue, ou si la foule effrayée qui se pressait autour de lui devenait de plus en plus sombre.

"J'aurais aimé pouvoir sentir que quelque chose de bien a été fait en vous laissant disparaître de l'existence", a-t-il poursuivi en exprimant ses pensées. "Mais je sais que la même chose qui est arrivée à vos mondes et au mien se reproduira encore une fois. À d'autres personnes, à d'autres moments, mais encore une fois. Cela est inévitable. Il n'y a aucun espoir pour l'humanité."

Un seul homme ne pouvait pas vraiment changer le cours de l'histoire humaine, se disait-il. C'était deux hommes : un réel, un fantôme.

Conrad s'approcha du lit du vieil homme. Il était presque transparent.

"Non", dit-il, "il y a de l'espoir. Ils ne savaient pas que l'émetteur horaire fonctionnait dans les deux sens. Je ne l'ai utilisé qu'une seule fois pour aller dans le passé, juste cette fois. Mais je suis allé dans le futur avec de nombreuses fois. Et… » il serra la main de Martin – « croyez-moi, ce que j'ai fait, ce que *nous* avons fait, vous et moi, sert à quelque chose. Cela changera les choses pour le mieux. Tout ira bien.

Conrad lui disait-il la vérité, se demanda Martin, ou se contentait-il de rassurer les mourants de manière conventionnelle ? Plus que cela, essayait-il de se convaincre que ce qu'il avait fait était la bonne chose ? Chaque cousin avait assuré à Martin que tout irait bien.

Conrad était-il *réellement* différent des autres ?

Son plan avait fonctionné et celui des autres non, mais son plan consistait simplement à ne rien faire. C'était tout ce que Martin et lui avaient fait... rien.

Étaient-ils exonérés de toute responsabilité simplement parce qu'ils s'étaient tenus à l'écart et avaient profité des faiblesses des autres ?

"Eh bien, se dit Martin, dans un sens, on pourrait dire que j'ai accompli ma destinée originelle, que je suis un criminel."

Eh bien, cela n'avait pas d'importance ; quoi qu'il arrive, personne ne pouvait lui en vouloir. Il n'avait aucun enjeu dans l'avenir à venir. C'était l'avenir des autres hommes, le problème des autres hommes. Il mourut alors très paisiblement et, comme il était le seul à rester sur le navire, il n'y avait personne pour l'enterrer.

Le yacht sans pilote a dérivé sur les mers pendant des années et a donné naissance à de nombreuses légendes, dont aucune n'est aussi incroyable que la vérité.

www.ingramcontent.com/pod-product-compliance
Lightning Source LLC
LaVergne TN
LVHW040519200726

843493LV00017D/2917